RÉPONSE

A UN ÉCRIT

QUI A POUR TITRE:

MEMOIRE JUSTIFICATIF

DES SUJETS DE L'OPÉRA.

Par De Visme

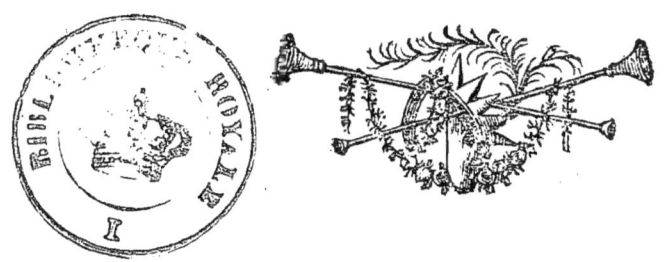

A PARIS.

Chez GATTEY, Libraire, au Palais-Royal.

———————————

1789.

Paragraphe du Mémoire des Sujets de l'Opéra.

ON se souvient encore de l'inconcevable administration de 1778 & 1779, qui coûta à la Ville plus de *six cent mille livres*, quoique la derniere année eût été marquée par la mise d'un des Ouvrages de ce Théatre qui ait le plus rapporté à la Caisse. Ce défit révoltant porta, jusqu'à l'évidence, la justice des plaintes qu'alors les Sujets ne cessoient de faire contre le Régisseur qui exploitoit pour le compte de la Ville. Il fut remercié avec *neuf mille livres* de pension, &, dit-on, *vingt-quatre mille livres* de gratification.

RÉPONSE
A UN ÉCRIT,
QUI A POUR TITRE:
MÉMOIRE JUSTIFICATIF
DES SUJETS DE L'OPÉRA.

Quand on avance des faits, il faut, avant tout, s'assurer s'ils sont exacts, sans cela on s'expose à passer pour manquer de bonne foi ; & c'est ce qui arrive aux Sujets de l'Opéra, relativement à un paragraphe qui me regarde, & qui se trouve inféré, page 4, dans un Mémoire qu'ils viennent de répandre dans le Public.

Les Sujets de l'Opéra assurent que mon administration pendant les années 1778 & 1779, a coûté plus de six cent mille livres à la Ville, & ils ornent cette assertion d'une petite gentillesse qui porte avec soi le caractere qui les distinguera toujours.

A

On peut se ressouvenir que j'ai régi l'Opéra sous deux titres bien distincts, d'abord comme Entrepreneur en 1778, & ensuite comme Régisseur en 1779.

Comme Entrepreneur, j'ai pu faire tout ce que j'ai voulu ; les dépenses de l'Opéra étoient à mes risques, périls & fortunes ; les Sujets étoient à mes gages ; tout étoit soumis à ma volonté, & le seul but que je cherchois à atteindre, étoit que le Public fût bien servi, & les Sujets bien payés. Je crois que j'ai rempli ces deux conditions ; le Public a paru parfaitement content des efforts que j'ai faits pour lui plaire, & je défie qu'aucun des Sujets soient dans le cas de me rien demander (1.) Il falloit donc me laisser l'entreprise de l'Opéra jusqu'à ce que je fusse réduit à l'impossibilité de la soutenir. Au lieu de cela, une cabale fomentée par des agens intéressés à tout détruire, a fait naître aux Sujets le désir de s'emparer de mon entre-

_____

(1) Ils n'ont jamais été ni mieux, ni plus exactement payés ; & lorsque je quittai mon entreprise, j'étois en avance de 28,000 liv. vis-à-vis des Sujets.

prife ; & pour y parvenir, ces mêmes Sujets, qui aujourd'hui qualifient cette entreprife d'*inconcevable adminiftration*, m'ont offert, par une foumiffion que j'ai encore dans les mains, une fomme de deux cent vingt mille livres pour obtenir de moi la rétroceffion de mon privilége ; & cette foumiffion eft fignée par leur ancien Camarade d'AUBERVAL, leur ancien Camarade LE GROS, & par un grand nombre d'autres Camarades. Il falloit donc que dans le temps ma maniere de régir l'Opéra ne leur parût pas auffi *inconcevable*, puifqu'ils m'offroient un pareil prix de mon privilége.

Ma volonté fut alors de ne point accepter leurs offres, parce que je penfois, comme je le penfe encore aujourd'hui, qu'il y a les plus grands inconvéniens à confier l'adminiftration d'un Spectacle comme l'Opéra aux Sujets qui y font attachés (1).

―――――――――――――――

(1) Il eft impoffible d'abandonner l'Opéra au compte des Acteurs à l'inftar des Comédiens François & Italiens, par la raifon qu'il y a trop de

Mais, enfin ennuyé de toutes les tracasseries auxquelles je fus exposé; dégoûté

---

parties prenantes qui contribuent à l'exécution de cette monstrueuse machine. Des chœurs, un corps de ballet, un orchestre nombreux, des Machinistes, un atelier de Tailleur; tout cet ensemble compose une foule de gens dont les états étant différens, opposés, même en rivalité les uns vis-à-vis des autres, exige nécessairement un Chef qui soit le centre où tout se rapporte, & puisse en un instant faire mouvoir tous les ressorts de cette machine.

Mais ce qui rend l'association des Sujets de l'Opéra impraticable, c'est l'incertitude & l'inégalité dans les recettes. Que cette association ait lieu dans les autres Spectacles, cela ne prouve rien par rapport à celui-ci. En effet, quel est l'événement des Comédies Françoise & Italienne ? c'est de partager plus ou moins au bout de l'année; mais toujours les recettes y excedent les dépenses, au lieu qu'il n'en est pas de même pour l'Opéra; car s'il se trouve un déficit sur les recettes, comment recourir sur chacun des Appointés pour en retirer sa contribution ? Cet appel seroit impossible, parce que la plus grande partie des Sujets de l'Opéra n'ont exactement que les appointemens du mois pour subsister. Au surplus, pour établir d'une par le peu d'appui que je trouvai auprès du Miniſtre, & connoiſſant la force & les reſſources de la cabale qui agiſſoit contre moi ; d'un autre côté, craignant de riſquer les fonds que mes amis m'avoient confiés, je me décidai à me déſiſter de mon entrepriſe, & à la remettre directement entre les mains du Roi.

Il n'eſt perſonne qui ne convienne que les conditions de ma rétroceſſion furent exceſſivement modeſtes, puiſque je me ſuis borné à un traitement de ſix mille livres de rente viagere, qui m'a été accordé par un Arrêt du Conſeil d'Etat du Roi, du 19 Février 1779, portant expreſſément que ce traitement eſt une indemnité de la non jouiſſance & rétroceſſion de mon privilége (1). Sans

─────────────────────────────

maniere invincible la preuve de mon ſentiment à cet égard ; je joins ici la Lettre que le Corps de l'orcheſtre m'écrivit le 6 Décembre 1778, à l'occaſion des offres que me firent les premiers Sujets pour obtenir la rétroceſſion de mon privilége.

(1) On aſſure que les Conceſſionnaires du privi-

doute j'aurois pu prétendre à une indemnité plus confidérable. Je connois la loi de la réfiliation des baux, & le mien étoit de douze années de jouiffance : mais réfervé comme un homme difcret doit l'être, je me fuis contenté de ce traitement, & j'ai demandé, pour prouver que je ne cherchois point à en impofer, à être admis à compter de Clerc à Maître.

Je fus reçu à compter comme je le défirois, en vertu d'un Arrêt du Confeil du 3 Juillet 1779, & le réfultat de mon compte, figné, coté, paraphé article par article par les Commiffaires nommés à cet effet, prouve que la recette effective a excédé de vingt-cinq mille fept cent cinquante livres la dépenfe faite pendant l'année de mon entreprife, en y comprenant même les vingt-quatre mille livres que le Roi a bien voulu m'accorder pour mes honoraires, & que les Sujets de l'O-

---

lége du Théatre de MONSIEUR viennent de rétrocéder leur entreprife moyennant une fomme de ſix cent mille livres.

péra me reprochent avec une ironie si fine que je suis tenté de m'y méprendre moi-même. Sans doute ils ont imaginé que je n'étois pas assez payé des peines que j'ai eues à diriger leur zele pour les plaisirs du Public.

L'accusation des Sujets de l'Opéra ne peut donc pas tomber sur l'année de mon entreprise, puisque j'ai laissé un excédant de recette de vingt-cinq mille sept cent cinquante livres. Mais je dis plus; quand même j'aurois dépensé six cent mille livres au delà de la recette, on ne pourroit m'en faire aucun reproche; la chose m'appartenoit; je pouvois en disposer à mon gré; je pouvois, dans une pareille entreprise, & sur-tout dans l'état de dépérissement où j'ai trouvé l'Opéra, je pouvois, dis-je, dépenser dans la premiere année des sommes considérables pour remonter la machine, avec la certitude d'en retirer le profit pendant les autres années de mon bail; personne n'avoit le droit d'y trouver à redire, &

alors c'étoit à ceux qui vouloient me dépouiller de mon privilége, à apprécier si l'argent qu'il falloit me donner pour me rembourser n'étoit pas trop préjudiciable aux intérêts du Roi. Ainsi l'accusation des Sujets seroit encore fausse à cet égard.

Telle étoit ma situation lorsque j'acceptai la place de Régisseur pour le compte de la Ville, pendant l'année 1779. Un double motif me détermina, celui de suivre les dispositions que j'avois prises la premiere année pour la tenue du Spectacle pendant l'année suivante, & celui de veiller à la rédaction de mon compte. Je puis dire avec vérité que je ne me suis occupé, pendant toute cette année, que de la partie active du Théatre; que je ne me suis mêlé en aucune façon de l'objet des recettes & des dépenses de l'Opéra; que la connoissance même m'en a été dérobée, malgré les réclamations que j'ai faites; réclamations qui sont consignées dans une lettre que j'écrivis à M. Necker, le 19 Janvier 1780, & dont j'ai encore la copie;

que je défie qu'on me repréfente aucune piece de dépenfe fignée de moi pendant l'année 1779, & qu'enfin j'ignore jufqu'à quel point s'eft élevée la dépenfe ; mais j'ai peine à croire qu'elle ait été auffi confidérable que le prétendent les Sujets de l'Opéra.

Le traitement que l'on m'avoit accordé en qualité de Régiffeur, étoit fixé à dix mille livres par an, avec l'expectative d'un bénéfice proportionnel, établi fous la forme d'une régie intéreffée. J'aurois pu y gagner beaucoup, d'après les conditions énoncées dans l'Arrêt du Confeil, puifque le Roi m'accordoit un quart du bénéfice fur tout ce qui excéderoit neuf cent mille livres de recette, & un tiers du bénéfice fur tout ce qui feroit économifé au deffous de neuf cent mille livres de dépenfes ; car je foutiens que l'Opéra peut être adminiftré magnifiquement avec une fomme de huit à neuf cent mille livres par an, & que de l'autre il peut rapporter par fes recettes un produit d'un million à douze cent mille livres : mais à la fin de l'année 1779, la cabale parvint à triompher ; & M. Amelot, après m'avoir dépouillé de toutes mes propriétés, sans aucun égard pour mes réclamations, crut me dédommager par une nouvelle pension de mille écus sur l'Opéra.

Voilà mon sort, il se réduit à cela, & je ne crois pas qu'il puisse être envié, si l'on considere tous les sacrifices que j'ai faits, & toutes les peines & les tracasseries que j'ai éprouvées ; tandis que je devrois encore être Entrepreneur de l'Opéra, puisque mon privilège m'avoit été concédé jusqu'au mois de Mars 1790.

Je ne chercherai point à rappeler ici les efforts que j'ai faits pour mériter l'approbation générale ; j'ai l'amour-propre de croire que la partie saine du Public, qui en a été témoin, me dédommagera toujours de l'injustice de quelque particulier ; mais ce que j'ai peine à concevoir, c'est que les sieurs Chéron, Lais, & Rousseau, que j'ai tirés de la classe des Chantres, & qui me doivent leur état, aient confenti à certifier contre moi des faits qui font faux, & fur lefquels ils ne peuvent avoir aucune connoiffance.

P. S. Il paroît un autre Ouvrage fur l'Opéra. C'eft un petit Précis en quatre-vingt-douze pages in-quarto, mis en profe par un Anonyme, & publié fans nom d'Imprimeur. On tâche de m'y imputer la même accufation que dans le Mémoire des Sujets de l'Opéra; cet écrit lui fervira également de réponfe.

Je voudrois feulement que ce petit Précis pût me réfoudre le problème que je vais lui propofer.

Corollaire.

Le bon état d'une caiffe confifte à payer moins & recevoir plus. C'eft une vérité inconteftable.

Or, depuis que j'ai quitté l'Opéra, le Roi a payé les penfions. Je les ai payées. 114,000

De l'autre part. 114,000

L'Opéra jouit d'une augmentation de huit sous sur le prix des billets du parterre. Cette augtation est estimée 60,000 l., ci . . 60,000

Je n'ai pas joui de ces 60,000.

Je n'avois que pour 237,000 livres de loges à l'année.

La location actuelle se monte à 450,000 livres.

Cela fait une différence, au profit de la caisse, de. 213,000

La rétribution des petits Spectacles, que j'ai établie le premier, ne me rapportoit que 14,500 l.

Elle rapporte aujourd'hui 190,000 livres; cela fait une différence, au profit de la caisse, de. 175,500

J'ai dépensé pour habits & fourniture d'étoffe la somme de 243,276 livres.

Le secours que le Magasin des

Total. 562,500

Ci-contre. 562,500

Menus a fourni à l'Opéra, d'après leur réunion, a dû produire une économie de moitié.

La caisse a donc bénéficié de. 121,638

J'ai dépensé en décoration la somme de 76,325 livres.

Par la même raison de la réunion des Menus, la caisse a dû bénéficier de la moitié, ci. . . 37,163

Total. 721,301

Ainsi la caisse de l'Opéra a dû nécessairement bénéficier sur la mienne de 721,301 livres par an, sans compter 30,000 liv. que le Roi a données tous les ans pour être employées en gratifications aux Sujets de l'Opéra, c'est-à-dire que si le Roi avoit eu la bonté de me donner le même secours, j'aurois gagné cette différence.

Or je demande à l'Anonyme du petit Précis, de me résoudre ce problême:

Comment est il possible qu'avec une bonification aussi considérable par chaque année, l'Opéra se trouve endetté comme il l'est?

DE VISMES.

COPIE de la Lettre du Corps de l'Orchestre.

Le 6 Décembre 1778.

Monsieur,

Nous venons d'apprendre avec autant de surprise que de chagrin, que quinze Sujets, tant de la Danse que du Chant, se sont rendus chez vous, pour vous proposer de leur céder en leurs noms, & privativement, l'entreprise que le Roi vous a accordée; il n'est pas concevable que quinze personnes aient pu imaginer pouvoir se détacher du reste de l'Académie, former le dessein de s'emparer exclusivement de ce Spectacle, sans égard pour les autres, & sans se donner la peine de s'informer si cette sublime idée leur est agréable ou non, tandis qu'ils doivent savoir mieux que personne, que tous les Sujets quelconques concourent, par l'unanimité de leurs talens, à la perfection de l'Opéra, &

par conséquent au plaisir du Public. Le Corps dont ils paroissent faire le moindre cas, est cependant celui *auquel ils ont le plus d'obligation à tous égards* ; & qui est sans aucun doute le fondement de tout l'édifice harmonique. Bien loin de leur en vouloir de leur oubli, on ne peut que leur savoir gré d'avoir jugé qu'il n'existoit pas dans l'orchestre un individu assez mal-honnête pour entrer dans leurs vûes, & se prêter à un projet qui montre autant de folie & d'ingratitude que d'inconséquence : nous nous taisons sur le moral, & sur les qualités distinctives de quelques uns d'eux, c'est au Public à les apprécier ; mais nous ne pouvons vous cacher, Monsieur, que rien ne peut nous humilier davantage, que l'idée d'être dirigés par des personnes qui nous paroissent précisément les moins capables pour remplir cet objet, & qu'il n'y a personne de nous qui ne sente combien ce projet, *qu'on peut nommer Cabale*, est outrageant & mal-honnête ; d'ailleurs, Monsieur, une chose beaucoup plus importante, qui nous répondra de la sûreté de nos pensions, le seul espoir, & le seul motif qui nous déterminent à faire le sacrifice du plus beau temps de la vie, & qui soutient le zele & l'exactitude ?

Comme nous sommes très-contens de votre administration, & de la maniere avec laquelle vous vous conduisez avec nous, nous vous prions, Monsieur, de vouloir bien ne pas céder aux insidieuses sollicitations qui vous sont faites, & de représenter au Ministre, de notre part, qu'abfolument confians dans fa juftice, nous le prions & nous efpérons qu'il voudra bien accorder fes bontés & fa protection à foixante honnêtes Artiftes qui ont des mœurs & qui aiment l'ordre, contre quinze Sujets ambitieux qui, s'ils réuffiffoient malheureufement pour l'Académie, tiendroient à coup fûr une conduite auffi peu raifonnée qu'inconféquente dans fes principes, & feroient écrouler l'édifice.

L'intérêt que nous prenons à ce qui vous regarde, & la marque de confiance que nous vous donnons, doivent vous prouver plus que toute autre chofe les fentimens avec lefquels nous avons l'honneur d'être,

MONSIEUR,

Vos très-humbles & très-obéiffans ferviteurs.

Cette Lettre eft fignée de tous Meffieurs de l'Orcheftre, & notamment de Mrs. FRANCŒUR, REY, SALLANTIN, FROMENT, & LUMIERE.

Nota. Le moral de l'Opéra n'étant pas changé, les fentimens de Meffieurs de l'orcheftre ne peuvent pas avoir changé.

Au furplus, comme tout le monde convient qu'il eft abfolument indifpenfable de remédier aux abus énormes qui ont lieu dans l'adminiftration actuelle de l'Opéra, je crois pouvoir indiquer le feul moyen par lequel on puiffe y parvenir.

De l'Imprimerie de MOUTARD, rue des Mathurins, Hôtel de Cluni. 1789.

www.ingramcontent.com/pod-product-compliance
Lightning Source LLC
Chambersburg PA
CBHW071437060426
42450CB00009BA/2210